CRIPTOLOGÍA
CRIPTOLOGÍA DIGITAL

RACHAEL L. THOMAS

ediciones Lerner ◆ Mineápolis

ediciones Lerner
Una división de Lerner Publishing Group, Inc.
241 First Avenue North
Mineápolis, MN 55401, EE. UU.

Si desea averiguar acerca de niveles de lectura y para obtener más información, favor consultar este título en www.lernerbooks.com.

Fuente del texto del cuerpo principal: Aptifer Sans LT Pro.
Fuente proporcionada por Linotype.

Library of Congress Cataloging-in-Publication Data
Names: Thomas, Rachael L., author.
Title: Criptología digital / Rachael L. Thomas.
Other titles: Digital cryptology. Spanish.
Description: Minneapolis, MN : ediciones Lerner, [2023] | Series: Alternator books en Español | Includes bibliographical references and index. | Audience: Ages 8–12 | Audience: Grades 4–6 | Summary: "As our time spent online increases, our need for strong encryption to keep our data safe also increases. Learn about mathematics - the basis of encryption. Plus cyberattacks, digital currency, and cryptocurrency. Now in Spanish!"— Provided by publisher.
Identifiers: LCCN 2022015387 (print) | LCCN 2022015388 (ebook) | ISBN 9781728477237 (lib. bdg.) | ISBN 9781728478029 (pbk.) | ISBN 9781728479699 (eb pdf)
Subjects: LCSH: Data encryption (Computer science)—Juvenile literature. | Computer networks—Security measures—Juvenile literature. | Computer crimes—Juvenile literature.
Classification: LCC TK5102.94 .T4818 2023 (print) | LCC TK5102.94 (ebook) | DDC 005.8/24—dc23/eng/20220408

Fabricado en los Estados Unidos de América
1-52359-50716-5/4/2022

CONTENIDO

INTRODUCCIÓN

Corría mayo de 2019 y miles de computadoras en toda la ciudad de Baltimore, Maryland, se apagaron. Los correos electrónicos del gobierno ya no funcionaban. Era imposible realizar pagos en línea a los departamentos de la ciudad. Y los ciudadanos que compraban viviendas nuevas descubrieron que no podían completar sus compras.

La ciudad estaba secuestrada por piratas informáticos que utilizaban un ransomware llamado RobinHood. El programa informático era poderoso e imposible de romper. Los piratas informáticos exigieron decenas de miles de dólares para detener el ataque.

El ataque de Baltimore fue uno de los más de veinte que se produjeron en las redes del gobierno estadounidense en 2019. Cuando el FBI llegó al lugar de los hechos, se inició la carrera para averiguar quién estaba detrás del crimen y cómo podrían protegerse mejor las ciudades en el futuro.

La División Cibernética del FBI investiga los ataques de ransomware en todos los Estados Unidos.

Después del ciberataque de 2019, un departamento del gobierno de Baltimore colocó un cartel que decía: "Los sistemas están fuera de servicio hasta nuevo aviso."

¿QUÉ ES LA CRIPTOLOGÍA DIGITAL?

Cada día, miles de millones de personas utilizan las tecnologías digitales para trabajar, jugar y comunicarse. La criptología digital ayuda a mantener la seguridad de estas tecnologías.

La criptología es la ciencia de la comunicación secreta. La criptología digital está fuertemente influenciada por la informática y las matemáticas. La información secreta se encripta mediante algoritmos matemáticos. Los criptólogos modernos utilizan estos algoritmos para proteger correos electrónicos, textos y otra información digital.

Hoy en día, Internet se ha integrado a las casas, los vehículos, la moda y mucho más. La criptología se ha convertido en una parte crucial de la vida cotidiana. Previene el robo de identidad e incluso el terrorismo.

Los antiguos griegos fueron de los primeros pueblos en utilizar la criptografía en sus mensajes.

LA CRIPTOLOGÍA EN EL PUNTO DE MIRA

Bruce Schneier es un conocido experto en ciberseguridad. En 1996, publicó el libro *Applied Cryptography* (Criptología aplicada) El libro analiza cómo la criptología digital puede ayudar a mantener la privacidad de los datos informáticos. El libro de Schneier se considera un clásico.

Schneier habla en una conferencia de ciberseguridad en 2019.

Un trabajador del FBI utiliza una clave para traducir un mensaje oculto.

Desde la antigüedad, los criptólogos han encriptado los mensajes mediante sistemas de código y cifrado. En el pasado, se crearon claves en forma de libros o dispositivos para ayudar a descifrar un código o cifrado específico.

Los códigos, los cifrados y las claves siguen siendo los componentes básicos de la criptología digital. Cuando envías un mensaje a través de una computadora, el texto se encripta. A continuación, el mensaje encriptado viaja hasta la computadora del destinatario, donde debe ser desencriptado. Las computadoras generan algoritmos matemáticos complejos como claves. Una computadora utiliza dicha clave para descifrar un mensaje y desbloquear su significado.

CTIM destacado – Tecnología

El hashing es una técnica criptológica común. Encripta los datos con un código criptológico único llamado hash. El hash no se puede modificar ni eliminar. Por lo tanto, sirve como una especie de huella digital. El hashing protege la integridad del mensaje.

Los códigos "hash" son cadenas de letras y números.

8E00F2A5694C02
65616E20776F6C66620776
6F20566174207468652066
6E4207468652066F6F6F
6865206261736B65742E2
637265746C7920737461616
72206265568696E64207474
27573686532C20736852
616E6420706174636368651
6974746C6520616E64207
726173732E20486520617
686573204C69747466C652
69646969EA1204866F6F64
686520206E61C3AF76656C7
6865522AA261736B60142E2
1080B4FA017745C7A671
8E00F2A5697D011A56AFE
2C20736852756B013A00A

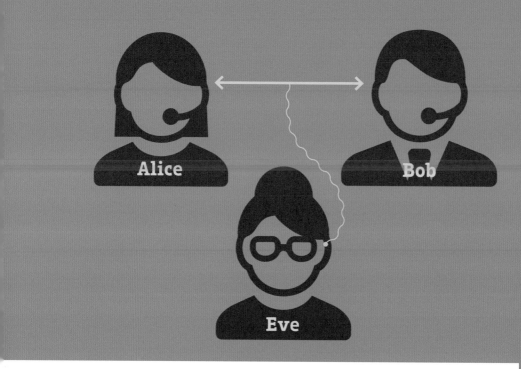

La criptología impide que Eve acceda a un mensaje privado de texto o de audio entre Alice y Bob.

Los expertos en seguridad digital suelen explicar la criptología digital utilizando los personajes Alice, Bob y Eve. Alice representa a la persona A. Bob representa a la persona B. Eve representa una Escucha secreta. Cuando Alice envía un mensaje privado a Bob, la seguridad criptológica impide que Eve lea el mensaje.

La criptología digital protege la privacidad, integridad y autenticidad de los mensajes electrónicos. Privacidad significa que solo el destinatario previsto puede leer el mensaje. La integridad garantiza que el mensaje llegue sin cambios, tal y como el remitente lo quería. Y la autenticación digital garantiza que el remitente del mensaje sea realmente el remitente y no un impostor.

En 2019, el gobierno estadounidense gastó al menos 15 mil millones de dólares en medidas de ciberseguridad.

CÓMO LAS COMPUTADORAS CAMBIARON EL MUNDO

Las primeras computadoras personales del mundo aparecieron en la década de 1970. Las mejoras en la tecnología informática plantearon cuestiones sobre la seguridad digital. La información almacenada en los sistemas informáticos debía mantenerse a salvo. Los gobiernos buscaron la manera de conseguirlo utilizando la criptología.

En 1973, la Oficina Nacional de Estándares (National Bureau of Standards, NBS) pidió a los criptólogos que diseñaran un algoritmo que pudiera encriptar datos a escala nacional. En 1974, un equipo de la empresa informática International Business Machines (IBM) respondió al pedido.

IBM presentó a la NBS un algoritmo criptográfico llamado Lucifer. Con algunos ajustes, este algoritmo se convirtió en el Estándar de Encriptación de Datos (Data Encryption Standard, DES).

Los algoritmos criptográficos como el DES funcionan creando una de los miles de millones de claves posibles de manera aleatoria. La probabilidad de encontrar la clave correcta es baja. Así, el cifrado es difícil de descifrar.

La Apple II fue una de las primeras computadoras personales.

El presidente de IBM, Thomas J. Watson Jr. (*centro*) organizó el grupo de investigación que desarrolló Lucifer.

En la década de 1990, las computadoras eran más potentes. Esto hizo que el DES fuera más fácil de descifrar. En diciembre de 2001, el Estándar de Encriptación Avanzada (Advanced Encryption Standard, AES) sustituyó al DES. El AES generaba claves más largas que el DES. Por lo tanto, era más seguro.

El AES utiliza una clave privada para encriptar y desencriptar datos. Al igual que lo que pasa con una contraseña, solo unas pocas personas conocen una clave privada. En este sistema, Alice utilizaría una clave privada para encriptar su mensaje a Bob. Bob descifraría el mensaje de Alice utilizando la misma clave. Compartir claves privadas puede poner en riesgo la información. Así, sistemas como el AES se utilizan para proteger los datos en reposo.

La Apple iMac fue una computadora personal muy popular a finales de la década de 1990 y principios de la década de 2000.

El RSA fue creado por los expertos en criptología (*de izquierda a derecha*) Ronald L. Rivest, Adi Shamir y Leonard M. Adleman.

Otro algoritmo criptográfico muy popular es el Rivest-Shamir-Adleman (RSA). Utiliza una clave pública para encriptar los datos y una clave privada para desencriptarlos. Al igual que un nombre de usuario, una clave pública puede ser conocida por cualquiera. En un sistema de clave pública, Alice utilizaría la clave pública de Bob para encriptar un mensaje. Bob utilizaría su clave privada para desencriptar el mensaje. Sistemas como el RSA se utilizan para proteger los datos que viajan.

CTIM destacado - Matemáticas

El RSA crea claves multiplicando dos grandes números primos juntos. Los números originales son la clave privada. Su producto es la clave pública. Para averiguar la clave privada, un pirata informático tendría que calcular los factores primos de la clave pública. Para realizar este difícil cálculo se necesitaría una cantidad interminable de tiempo y potencia informática.

Los números primos utilizados por la RSA tienen más de 200 dígitos.

CIBERCULTURA

Las computadoras e Internet trajeron muchas oportunidades a la sociedad moderna. Pero también introdujeron un nuevo tipo de delito. Cada minuto, los piratas informáticos intentan romper las encriptaciones y robar datos.

A veces, los piratas informáticos toman el control de los sistemas en línea y exigen rescates digitales. O bien, pueden exponer o robar información personal, como el número del seguro social de una persona. La exposición de dicha información puede dar lugar a un robo de identidad.

Los expertos en seguridad calculan que los piratas informáticos de todo el mundo roban un total de 75 registros por segundo.

LA CRIPTOLOGÍA EN EL PUNTO DE MIRA

En noviembre de 1988, el informático Robert Tappan Morris publicó en Internet un programa informático invasivo llamado Gusano Morris. En aquel momento, solo había 60,000 computadoras conectadas a Internet. En veinticuatro horas, el programa había infectado 6,000 computadoras, y había ralentizado y dañado la red.

En 2001, un programa informático invasivo llamado el Gusano de código rojo también amenazó a la Internet.

Baltimore, Maryland, no estaba preparada para el ciberataque que sufrió en 2019. La ciudad había estado utilizando sistemas informáticos antiguos que eran vulnerables a los piratas informáticos.

El ransomware RobinHood era la herramienta de los piratas informáticos. RobinHood es un troyano. Un troyano es un código o software malicioso que puede tomar el control de la computadora de una persona y codificar sus datos. Los hackers venden a las víctimas la clave necesaria para decodificar los datos codificados.

Los piratas informáticos de Baltimore exigieron 76,000 dólares en la moneda digital Bitcoin. Pero la ciudad no pagó el rescate.

El alcalde Bernard C. "Jack" Young dijo posteriormente que no quería recompensar el comportamiento delictivo. Pero Baltimore pagó un precio muy alto. A la ciudad le costó 10 millones de dólares arreglar sus sistemas informáticos dañados.

Young compró un seguro para proteger a Baltimore contra futuros ataques de ransomware.

En 2020, los piratas informáticos también atacaron los sistemas informáticos del Arkansas Children's Hospital de Little Rock.

La ciencia forense digital se convirtió en un área de estudio en la década de 1980. El campo creció a lo largo de la década de 1990.

A medida que la ciberdelincuencia evoluciona, la ciberseguridad debe evolucionar para detenerla. Una de las profesiones que ha crecido gracias a la amenaza de la ciberdelincuencia es la de forense digital.

Un oficial forense es quien recoge las pruebas de los delitos. Los forenses digitales buscan pruebas delictivas en el mundo digital. Estas pruebas pueden adoptar la forma de medios, registros o mensajes digitales.

Los criptólogos profesionales desempeñan un papel importante en la ciencia forense digital. Descifran los datos delictivos almacenados en teléfonos, computadoras portátiles y otros dispositivos. Una vez reunidas, estas pruebas pueden presentarse ante un tribunal.

A veces, los forenses digitales buscan pruebas delictivas en los discos duros de las computadoras.

EL FUTURO DE LA CRIPTOLOGÍA

Los modernos códigos y claves criptológicas protegen la mayoría de las actividades en línea. Entre ellas se encuentran el acceso a los perfiles de las redes sociales, el uso de cuentas bancarias en Internet y las compras en línea.

La criptología desempeña incluso un papel en el desarrollo de nuevas tecnologías digitales. La primera criptomoneda exitosa, Bitcoin, se lanzó en 2009. Las criptomonedas utilizan la criptología para proteger la identidad de los usuarios y crear registros de pago seguros.

Las criptomonedas son una tecnología relativamente reciente. Pero tienen el potencial de cambiar el mundo. Con las criptomonedas, enviar y recibir dinero es más seguro. Muchos creen que las criptomonedas pueden ayudar a limitar la corrupción en el futuro.

En 2020, Bitcoin (*centro*), Ethereum (*izquierda*) y Ripple (*derecha*) eran criptomonedas populares.

Las aplicaciones de criptomonedas ayudan a los usuarios a hacer un seguimiento de sus monedas.

Los altavoces inteligentes son artículos populares conectados a Internet. Permiten a los usuarios hacer compras, reproducir música y mucho más mediante comandos de voz.

En 2020, casi 4,500 millones de personas tenían acceso a Internet. A medida que la tecnología se desarrolle, este número seguirá aumentando.

El término Internet de las cosas (Internet of Things, IoT) se utiliza para describir los objetos cotidianos que están conectados a Internet. Los artículos del IoT, como los automóviles y las neveras, pueden buscar en la web y encontrar información. Estos elementos también pueden recoger datos de los usuarios.

La IoT ofrece posibilidades útiles, como automóviles que evitan el tráfico y neveras que hacen listas de la compra. Pero los dispositivos de la IoT también pueden permitir a los piratas informáticos un acceso más fácil a la información de las personas. A medida que aumenta el número de dispositivos que se conectan a Internet, los sistemas en línea deben estar protegidos con una encriptación fuerte.

LA CRIPTOLOGÍA EN EL PUNTO DE MIRA

Ginni Rometty ocupó el cargo de CEO de IBM desde 2012 hasta 2020. Durante este período, Rometty dirigió al gigante tecnológico para que se convirtiera en un líder en el campo de la ciberseguridad en Internet.

Ginni Rometty

En 2019, IBM presentó su primera computadora cuántica comercial, la IBM Q System One.

CONCLUSIÓN

El trabajo de los criptólogos digitales cambia continuamente. A medida que las computadoras se vuelven más potentes, los criptólogos deben desarrollar nuevos métodos para proteger los datos personales.

Desde hace varios años, los informáticos investigan la computación cuántica. Una computadora cuántica podría descifrar fácilmente un sistema de claves estándar. Por eso, los criptólogos están discutiendo el desarrollo de la criptología cuántica.

Dondequiera que vaya la tecnología, la criptología la seguirá. Esta antigua ciencia es esencial para la vida moderna.

¡Descífralo! Hash en una patata

Materiales

papel	sujetapapeles
lápiz o bolígrafo	cuchillo para pelar
patata	pintura

1. Dibuja el símbolo del hash (un numeral) en un papel. Esto representa un código hash.

2. Coloca el símbolo en una patata cortada por la mitad.

3. Utiliza el extremo de un clip para hacer agujeros alrededor del hash y crear un contorno en la patata. A continuación, retira el papel.

4. Traza los puntos utilizando el extremo del clip para crear el contorno del símbolo.

5. Pídele a un adulto que utilice el cuchillo para cortar la patata alrededor del símbolo.

6. Moja la patata en la pintura para cubrir el sello. Sella un documento con el sello de la patata. El archivo fue codificado con un código hash.

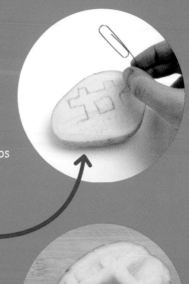

GLOSARIO

algoritmo: conjunto de pasos utilizados para resolver un problema matemático o completar una operación informática

ciberdelincuencia: actividad delictiva en la que se utiliza una computadora para acceder, enviar o modificar datos de forma ilegal

cifrado: mensaje en el que se cambian las letras individuales para ocultar el significado del mensaje

clave: la herramienta o recurso que ayuda a una persona a decodificar o descifrar un mensaje oculto

código: mensaje en el que se cambian las palabras o frases para ocultar el significado del mensaje

corrupción: comportamiento deshonesto o ilegal

datos: información en formato digital

desencriptar: encontrar el significado oculto de un mensaje

encriptar: alterar un mensaje para ocultar su significado. Una vez encriptado, el mensaje oculto se denomina encriptación.

factor primo: número primo que es factor de otro número. El dos y el tres son los factores primos del seis.

número primo: número que solo es divisible por sí mismo y por el número uno

pirata informático: persona que accede ilegalmente a un sistema informático para robar información o causar daños

quantum: relativo a las formas más pequeñas de materia y energía

receptor: persona que recibe algo

rescate: dinero que se paga para liberar algo que ha sido sustraído. El ransomware es un programa informático que exige el pago de un rescate para acceder a sus archivos.

MÁS INFORMACIÓN

BBC Bitesize: Encryption
https://www.bbc.co.uk/bitesize/guides/znxxh39/revision/1

Campbell, Grace. *Digital Clues*. Mineápolis: Lerner Publications, 2021.

Donato, Daniel. *What's Hacking?* Nueva York: KidHaven, 2020.

Nagelhout, Ryan. *Digital Era Encryption and Decryption*. Nueva York: Rosen, 2017.

National Cyber League: Cryptography
https://nationalcyberleague.org/categories/cryptography

NOVA Labs: Cybersecurity Lab
https://www.pbs.org/wgbh/nova/labs/lab/cyber/

ÍNDICE